BIJOUX

BAGUES ET CROIX

DES XVIIᵉ, XVIIIᵉ SIÈCLES

ET AUTRES

Appartenant à Monsieur G...

CATALOGUE

BIJOUX

BAGUES, CROIX, PENDELOQUES ET COLLIERS

Des XVII⁵, XVIIIᵉ Siècles

ET AUTRES

Appartenant à Monsieur G...

Et dont la vente aura lieu à Paris

HOTEL DROUOT, SALLE N° 7

LE JEUDI 22 DÉCEMBRE 1910

A DEUX HEURES

COMMISSAIRE-PRISEUR	EXPERTS
Mᵉ F. LAIR-DUBREUIL	MM. MANNHEIM
6, rue Favart	7, rue Saint-Georges

EXPOSITION PUBLIQUE

Le Mercredi 21 Décembre 1910, de 1 h. 1/2 à 6 heures

CONDITIONS DE LA VENTE

Elle sera faite au comptant.

Les adjudicataires payeront *dix pour cent* en sus des enchères.

Paris. — Imp. de l'Art, Ch. Berger, 41, rue de la Victoire.

DÉSIGNATION

BAGUES

1 — Quatre bagues en bronze, ornées d'inscriptions et de cavaliers.

2 — Quatre bagues variées en fer et métal, dont une avec intaille antique.

3 — Trois bagues en argent et métal, à décor de personnages et inscriptions.

4 — Deux bagues en argent, dont une ornée d'une intaille. xve siècle.

5 — Trois bagues en métal et fer ciselé : buste de profil.

6 — Trois bagues en argent et métal, dont une ornée d'une améthyste.

7 — Deux bagues en argent ; armoiries.

8 — Quatre bagues en métal, dont une ornée d'une intaille : personnage.

9 — Deux bagues en argent, l'une à inscription, et l'autre dite de défense.

10 — Quatre bagues variées en corne, ivoire et corail.

11 — Quatre bagues en métal, dont une ornée d'un grand camée : tête d'homme. XVIe siècle.

12 — Deux bagues en argent, ornées de strass et d'une grisaille.

13 — Bague, monture en argent, ornée d'un rébus, entouré de perles fines. XVIIIe siècle.

14 — Bague espagnole en or, ornée de pierres étamées. XVIIIe siècle.

15 — Bague espagnole en or, à chaton orné de pierres rouges. XVIIIe siècle.

16 — Petite bague en or, offrant un panier de fleurs en roses. XVIIIe siècle.

17 — Bague espagnole en or, ornée de roses et d'émeraudes. xviiie siècle.

18 — Petite bague en or, ornée d'un chaton en diamants tables. xviiie siècle.

19 — Bague en or, ornée de deux médaillons, l'un contenant une grisaille et l'autre un rébus. Fin du xviiie siècle.

20 — Bague en or, ornée d'un chaton renfermant un petit vaisseau en cire. xviiie siècle.

21 — Bague en or, ornée d'une intaille sur améthyste : amour sur un lion. Commencement du xixe siècle.

22 — Bague espagnole en or, chaton rond contenant une croix en grenat. xviiie siècle.

23 — Bague en or, contenant un rébus sur verre églomisé. Fin du xviiie siècle.

24 — Bague en or, à chaton rond orné de roses. Espagne, xviiie siècle.

25 — Bague en or, ornée d'un camée à deux personnages couchés. Commencement du xviiie siècle.

26 — Bague en or, ornée d'un camée : Cléo-
pâtre. Fin du XVIIIe siècle.

27 — Bague en or, chaton formé d'une tresse
de cheveux reliés par une couronne de
comte. XVIIIe siècle.

28 — Bague en ivoire, représentant une femme
couchée. XVIIIe siècle.

29 — Bague en or, ornée d'un camée à deux
couches, présentant un nègre à manteau
blanc.

30 — Bague, à chaton mobile à pans coupés,
orné d'une peinture sur verre églomisé. Fin
du XVIIIe siècle.

31 — Bague en or, ornée d'une intaille sur cornaline, présentant deux personnages. XVIIIe
siècle.

32 — Bague en or à entourage de perles, ornée
d'une miniature sur ivoire : Portrait de
prélat.

3? — Bague en or, anneau ajouré renfermant
une Vierge en or émaillé. Espagne, commencement du XIXe siècle.

34 — Bague en or forme marquise, ornée d'une
miniature en grisaille : Jeune femme debout.
Entourage de demi-perles et d'émail.

35 — Bague en or, à chaton orné d'une intaille :
la Vénus Callipyge.

36 — Bague en or, à chaton ovale orné d'une
grisaille : Amour plantant un arbre.

37 — Bague en or, ornée d'un bouquet en
roses et rubis. Commencement du XVIIIe
siècle.

38 — Bague en or, chaton à pans coupés, orné
d'un émail : Portrait de femme. Fin du
XVIIIe siècle.

39 — Bague en or, chaton rectangulaire à pans
coupés, orné d'une grisaille avec devise :
Potius mori quam foedari. 1788.

40 — Bague en or, à chaton rectangulaire à
pans coupés, orné d'une intaille en roses
sur verre rouge et d'une inscription : *Où
me conduira-t-elle ?* XVIIIe siècle.

41 — Bague en or, à chaton orné d'une aigue-
marine entourée de petits brillants. xviiie
siècle.

42 — Bague en or, simulant une petite montre,
entourage de pierres de couleur. xviiie
siècle.

43 — Bague en or, ornée d'un chaton contenant
une petite miniature : Portrait d'homme.
xviiie siècle.

44 — Bague en or, contenant une petite miniature : Portrait de femme.

45 — Bague en or, à chaton rond orné d'amé-
thystes. Espagne, xviiie siècle.

46 — Bague en or, à chaton en forme de cœur
en améthyste Espagne. xviiie siècle.

47 — Bague en or dite marquise, chaton orné de
roses sur verre bleu. xviiie siècle.

48 — Bague, à chaton mobile orné d'une intaille sur jaspe sanguin : Léda. Commencement du xixe siècle.

49 — Bague en or, à chaton carré orné d'une émeraude entourée de roses. Fin du xviiie siècle.

50 — Bague en or, à chaton en forme d'olive, orné d'une petite sculpture en bois représentant deux colombes. xviiie siècle.

51 — Bague en bas or, à chaton à pans coupés, orné d'une miniature à nombreux personnage. xviiie siècle.

52 — Bague en or, ornée d'un chaton ovale avec intaille sur cornaline, entourage en émail noir sur or. xviiie siècle.

53 — Bague en or, à motif de pierres de couleur. xviiie siècle.

54 — Bague en or, à chaton à pans coupés, contenant un rébus : *Elle est aimée.* xviiie siècle.

55 — Bague en or, chaton ovale orné d'une petite miniature : Combat de cavalerie. Entourage de demi-perles.

56 — Bague en or, chaton orné d'un camée bleu turquoise : Amour. xviiie siècle.

57 —. Bague en or, à chaton ovale, contenant un thermomètre de Bréguet. Fin du xviiie siècle.

58 — Bague en or, chaton en forme d'olive, contenant une miniature sur ivoire : Femme au bain. xviiie siècle.

59 — Bague-marquise, ornée de roses sur verre bleu. xviiie siècle.

60 — Bague en or, à chaton rectangulaire, orné de fleurettes en roses sur verre violet, entourage en brillants. xviiie siècle.

61 — Bague en or, à chaton rond, entourage en roses avec, au centre, un diamant entouré de rubis. xviiie siècle.

62 — Bague en or, ornée d'une miniature minuscule sous un brillant plat : Tête de femme entre deux brillants. xviiie siècle.

63 — Bague-marquise en or, ornée de diamants sur verre bleu et entourage de petits brillants.

64 — Bague, à chaton à pans coupés, avec entourage de perles fines, renfermant la devise : *Gage d'amitié*, en émail. xviiie siècle.

65 — Bague-montre en or, ornée de deux ca-
drans, entourage de perles fines. XVIIIe siècle.

66 — Bague en or, à chaton tournant, orné de
deux petites miniatures de femme et d'en-
fant, entourage de brillants. XVIIIe siècle.

67 — Bague en or, à chaton orné d'un camée à
deux couches : Tête d'homme, entourage en
roses. XVIIIe siècle.

68 — Bague-montre en or, à chaton ovale, cadran à balancier visible, entourage en roses.
XVIIIe siècle.

69 — Bague-marquise en or, forme olive, bouquet en roses sur verre turquoise, entourage
de demi-perles. XVIIIe siècle.

70 — Bague-montre en or, chaton à pans coupés,
cadran et balancier visibles.

71 — Bague espagnole en or, chaton orné de
sept émeraudes. Commencement du XVIIIe
siècle.

72 — Bague en or, à gros chaton orné d'une
améthyste, entouré de grosses roses. Espagne, XVIIIe siècle.

73 — Bague-marquise en or, chaton ovale, orné de roses sur verre bleu. xviiie siècle.

74 — Bague en or, à chaton rectangulaire à pans coupés, ornée d'une miniature dans la manière de Van Spandonck.

75 — Bague en or, à chaton à pans coupés, contenant sous un verre une clé et un cœur, entourage de perles fines. xviiie siècle.

BIJOUX DIVERS

76 — Grande croix-reliquaire en or émaillé, ornée des instruments de la Passion sur fond blanc. Travail espagnol, seconde moitié du xviie siècle.

77 — Croix en or émaillé, ornée d'émeraudes. Travail espagnol, commencement du xviiie siècle.

78 — Croix avec Christ, en or partiellement émaillé, ornée, dans les angles, de fleurons. xviie siècle.

79 — Petite croix en or émaillé, décorée de plaques de verres et de perles fines. XVIIe
siècle.

80 — Petite croix en or émaillé, renfermée dans
des entrelacs et présentant, au revers, une
Vierge del Pilar; perles fines. XVIIe siècle.

81 — Petite croix en or émaillé à double face.
Travail espagnol, XVIIe siècle.

82 — Croix-reliquaire en or partiellement émaillé,
à décor de rinceaux et d'oiseaux; elle est
ornée sur la face antérieure de plaques de
verre taillé. Espagne, XVIe siècle.

83 — Croix-reliquaire en or émaillé blanc et
noir, présentant sur la face antérieure des
rubis taillés en table. XVIIe siècle.

84 — Croix-reliquaire en or émaillé, présentant
les instruments de la Passion. Revers émaillé
blanc et noir. XVIIe siècle.

85 — Christ sur croix en or partiellement émaillé,
orné de trois perles fines. XVIIe siècle.

86 — Petite croix en or émaillé blanc et vert et
ornée sur la face de plaques de verre, taillées
en table, et de perles. xviie siècle.

87 — Pendeloque en or partiellement émaillé,
présentant le Christ placé entre les deux lar-
rons. Rehauts de rubis taillés en tables. xvii^e
siècle.

88 — Croix-reliquaire en or émaillé en blanc et
noir, offrant sur fond noir les emblèmes de
la Passion. xviie siècle.

89 — Collier. formé de petits motifs à double
face en or émaillé ornés de petites croix en
émail blanc. xviie siècle.

90 — Fragment de chaîne de cou, formé de
motifs partiellement émaillés en couleurs.
Fin du xvie siècle.

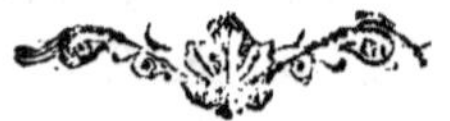

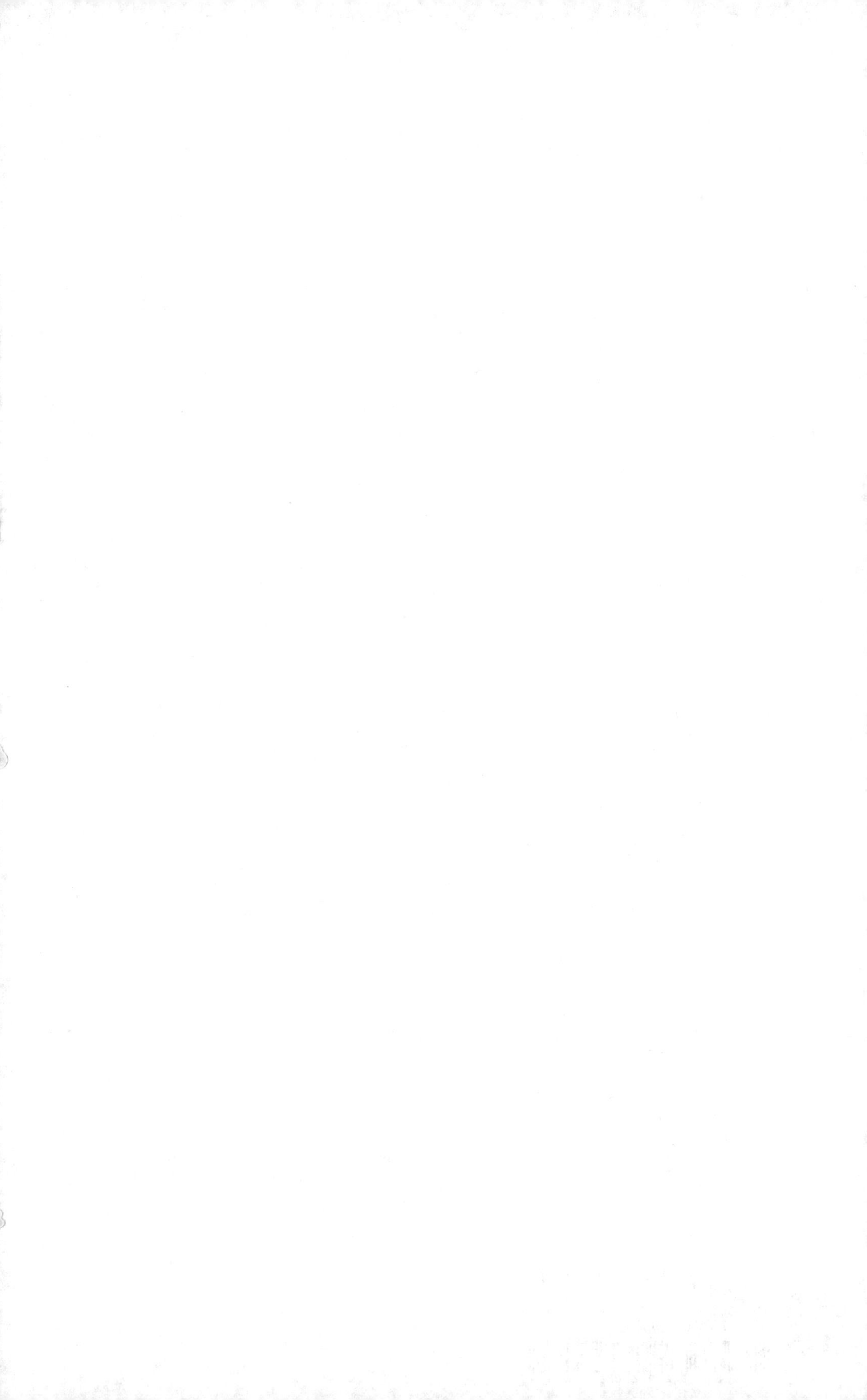